Weil du Katzen liebst!

für Margrit

von Irmgard

arsEdition

Katzen schleichen

geräuschlos

durch Feld und Flur,

und genauso gelingt es ihnen,

durchs Leben zu gehen,

ohne dabei **Lärm** zu machen.

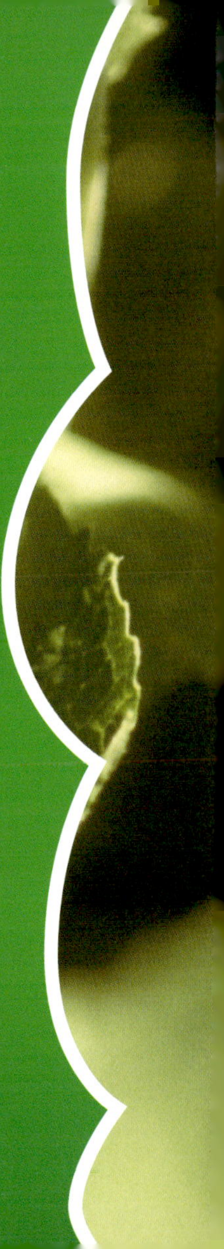

Katzen

haben einen

eigenen Kopf

und den setzen

sie auch durch.

Aber meist

auf sehr

charmante

Weise.

Katzen

sind **neugierige** Wesen,
aber sie behalten die Dinge,
die sie aufdecken, für sich
und plaudern sie nicht aus.

Eine **Katze**

ist ein

sehr angenehmer

Hausgenosse.

Sie erfüllt dein Haus

mit Leben und ist ein sehr

rücksichtsvoller

Mitbewohner.

Katzen haben einen feinen Sinn
für Humor.
Sie können sehr **witzig** sein
und verkraften es auch,
wenn man über sie
lachen muss.

Das Leben und dazu eine Katze,
das ergibt eine unglaubliche
Summe, ich schwörs euch!
Rainer Maria Rilke

Ist das Leben schön!

Was eine Katze wohl

denkt,

wenn sie dich mit großen,

ernsten und tiefgründigen

Augen anblickt?

Wir werden es

nie erfahren.

Die Weisheit der **Katzen**
übertrifft die der meisten
Menschen
und sogar die mancher
Philosophen.

Und wenn der Tag
noch so **grau** und **verregnet**
sein mag, es hebt
die **Stimmung,**
sobald man
einer **Katze** begegnet.

Katzen

wahren immer Distanz,

sie sind sehr würdevolle

Persönlichkeiten,

die genau wissen, was sie wollen,

und das dann auch tun.

Wenn du ihre Zuneigung verdient hast, wird eine Katze dein Freund sein, aber niemals dein Sklave.

Théophile Gautier

Komm kuscheln!

Katzen beglücken uns meist
nur kurz mit ihrer
Anwesenheit,
sie kommen und gehen,
wann sie wollen.
Und wenn ihnen
nicht
danach ist, dann kann
man sie auch nicht zum
Bleiben
zwingen.

Auch wenn man denkt,

dass man derjenige ist,

der mit der Katze **spielt**,

so kann man sich nie

ganz sicher sein,

ob man nicht selber

das **Spielzeug** ist.

Mit einer Katze

an der Seite

ist man **nie allein**

und braucht keine Angst

vor der **Einsamkeit**

zu haben.

Wenn man sich ein

Haustier

zulegen möchte, dann sollte

man bedenken, dass ein

Hund

einen als Herrn betrachtet,

für eine Katze aber bist du

Personal.

Bitte nicht stören!

Die Selbstachtung einer Katze
ist außerordentlich.
Christian Morgenstern

Eine

Katze genügt

sich selbst.

Es ist schon merkwürdig,

dass sie sich dazu

herabgelassen hat,

ein **Haustier** zu sein.

Eine schlafende
Katze strahlt eine
tiefe **Ruhe** und
Frieden aus.
Was gibt es Schöneres,
als neben einer schlafenden
Katze zu sitzen und das
Leben zu **genießen?**

So wie man über der

Schönheit der Rosen

ihre **Dornen** nicht außer

Acht lassen darf, so darf man

auch bei den niedlichsten

Kätzchen nicht vergessen,

dass sie auch **Krallen**

haben.

Ein **Hund** kommt sofort,
wenn er gerufen wird.
Aber eine **Katze** kommt nur,
wenn sie es auch so will.

Chrrrr..........

Die Katze gibt vor zu schlafen,
um desto klarer sehen zu können …

François-René de Chateaubriand

Katzen sind berühmt für ihren

Eigensinn.

Zur Not gehen sie auch mit dem

Kopf durch die Wand,

Hauptsache sie tun,

was ihnen beliebt.

Eine Katze kommt
und geht, wann sie will,
sie sucht
ihren eigenen Weg,
egal ob es uns passt oder nicht.

Du bist die beste Mama der Welt!

ISBN: 978-3-7607- 2404-1

Schön, dass wir Nachbarn sind!

ISBN: 978-3-7607- 2405-8

Schön, dass es dich gibt!

ISBN: 978-3-7607- 2406-5

Weil du Hunde liebst!

ISBN: 978-3-7607- 2407-2

Du bist der beste Papa der Welt!

ISBN: 978-3-7607- 2403-4

Über den Autor:

Dr. Gerhard Neumann schrieb mit sieben Jahren seine erste Kurzgeschichte und seitdem hat ihn die Lust am Schreiben nicht mehr losgelassen. Seine Liebe zu Tiere entdeckte er wesentlich früher: schon mit drei Jahren, denn da bekam er seinen ersten Hund geschenkt. Er hat Tiermedizin in Heidelberg und Chicago studiert und lebt heute mit seiner Familie, drei Hunden, fünf Katzen, vier Schafen und einem Esel auf einem Bauerr hof in Südtirol.

In einigen Fällen war es nicht möglich, für den Abdruc der Texte die Rechteinhaber zu ermitteln. Honoraransprüche der Autoren, Verlage und ihrer Rechteinhaber bleiben erhalten.

Bildnachweis:

Titel, Rücktitel: Okapia/J.L. Klein & M.L. Hubert
S.3: getty-images/Masaaki Toyoura • S.5: getty-images/John Block • S.6: getty-images/VCL • S.9: getty-images/Digital Vision • S.11; S.19: getty-images/Steve Satuschek • S.12/13: getty-images/Gary Randall • S.1 getty-images/photo 24 • S.16: getty-images/Masato Tokiwa • S.21: getty-images/Photonica • S.22/23; S.2 getty-images/Neo Vision • S.27: getty-images/G.K. & Vikki Hart • S.29: getty-images/David Tipling • S.30; S.35; S.41; S.42/43: mauritius-images/age fotostock • S.32/33: mauritius-images/Layer • S.36; S.47: mauritius-images/Oxford Scientific • S.39: mauritius-images/Rutz • S.45: mauritius-images/Schellhammer

Impressum:

Text: Gerhard Neumann
ISBN-13: 978-3-7607- 2408-9
ISBN-10:3-7607-2408-6

www.arsedition.de